Johann Georg Beer

Ursus murmurat das ist Klar

und deutlicher Beweiß welcher gestalten Herr Gottfried Vockerod

Johann Georg Beer

Ursus murmurat das ist Klar
und deutlicher Beweiß welcher gestalten Herr Gottfried Vockerod

ISBN/EAN: 9783743604056

Hergestellt in Europa, USA, Kanada, Australien, Japan

Cover: Foto ©ninafisch / pixelio.de

Weitere Bücher finden Sie auf **www.hansebooks.com**

Dem
Durchlauchtigsten Fürsten
und Herrn/

Hn. Friederichen/

Hertzogen zu Sachsen/
Jülich/ Cleve und Berg/ auch
Engern und Westphalen/ Land-Gra-
fen in Thüringen/ Marg-Grafen zu
Meißen/ Gefürsteten Grafen zu Hen-
neberg/ Grafen zu der Marck und
Ravensberg/ Herren zum Ra-
venstein und Tonna/ꝛc.ꝛc.

Meinem gnädigsten Fürsten
und Herrn.

Durchlauchtigſter Fürſt/
Gnädigſter Herr.

Uer Hoch-Fürſtlichen Durchlaucht
Welt-geprieſene Weißheit/welche
Sie als ein unabſonderliches Merck-
mahl des Sächſiſchen Rauten-
Zweiges / höchſt-verwunderlich
beſitzen: iſt nur dieſen verborgen:
welche entweder von denen freyen Künſten/in
Ermanglung des genugſamen Verſtandes/
nichts halten können/oder aber aus verderbten
affecten/nichts halten wollen. Ja/Eur. Hoch-
Fürſtl. Durchl. haben ſich auf dieſer Stuffe allgemach ſo hoch erhoben/daß ſie nicht ſo wohl
ſcheinen von denen freyen Künſten ernähret zu
ſeyn/ als daß ſolche von Ihnen ihr kräfftiges
Wachsthum empfangen. Gotha hat zwar
allezeit groſſe Verwundrungs-Lichter an ſeinem Sternen-Himmel; an Euer Hoch-Fürſtl.
Durchl. aber eine hell-gläntzende Sonne ge-
habt/ welche weiter geſchienen/ als daß man
ſie mit dem Auge begreiffen können. Und dieſes
unge-

A 2

ungemeine Tugend-Glantz / zieht / als ein kräff-
tiger Magnet / meine tieffste Unterthänigkeit
in diesen wenigen Blättern verwickelt / vor Dero glorwürdigsten Thron / in der Zuversicht/
sich einen solchen Schild auszubitten / hinter
welchem mit kein Streich der Mißgönstigen
schaden kan. Der Contextus wird zeigen / was
mich zur unterthänigsten Zuflucht genöthiget/
und daß ich eben an demselben Orth die böse
Quelle verstopffen müsse / alwo sie ihren ver=
derblichen Ursprung genommen / auf daß durch
dero schädlichen Ausfluß einfältige Gemüther
nicht geirret / noch etliche meiner Profesions-
Verwandten in zweiflende Gedancken gebracht
werden / als hätten sie eine verdammliche Lebens-Art ergriffen / dadurch sie von dem Pfad
der Tugenden / und also wohl gar von ihrem
ewigen Heyl abgehalten würden. Niemahls
hat die Music grössere Feinde / als zu diesen un-
harmonischen Zeiten gehabt und ist keine Scylla
denen Schiffen so fürchterlich / als uns Musicis
die passionirte Gemüther / welche uns allenthalben nicht allein von denen Höfen der Potentaten mit Strumpff und Stiehl ausrotten; sondern so gar in das äusserste Thulen verjagen
wollen. Sed, factæ sunt instar parvuli sagittæ eorum; muß ich billig mit göttlicher heil. Schrifft
reden: Sie seynd allezeit mit verbundenen Köpf-
fen zurück geprallt / und haben die wiedrig-ge-
sinnte Menschen nicht tilgen können/ was GOtt
der Allmächtige gepflantzet / und mit so grosser/

herr-

herrlicher/ ja Verwunderungs-vollen Frucht und
Nutzen in seine Christliche Kirche gesetzet hat.
Tausendmahl haben sie es zu dämpfen angefan=
gē/ tausendmal haben sie es lassen müssen. Gleichwohl aber seynd sie von der Hofnung des Sieges/
aus so übelgelungenen Exempeln ihrer Vorfah=
ren nicht abgestanden/ sondern lehnt sich da
und dort ein Hohn-sprechender Goliath wieder
den armen David auf/ zu versuchen/ ob man erhalten könne/ was nicht zu erhalten ist. Wie
dann erst vergangenen Jahres in Euer Hochfl.
Durchl. Residentz-Stadt sich ein neuer Held er-
hoben/ die allerunschuldigste Tochter des Him-
mels/ ich verstehe die Music, nicht allein mit der-
ben Ruthen auf das bitterste zu streichen/ son=
dern sie der lieben Jugend/ und also per Cohæsi-
vam virtutem der Posterität/ mit denen allerstär-
ckesten Argumenten/ wie er meynet/ zu dissvadiren.

Wann nun/ Durchlauchtigster Fürst und
Herr/ ob justum animi dolorem, dieser ohne dem
fast allenthalben zur Ungebühr niedergeschla-
geschlagenen Kunst/ aufzuhelffen/ als ein der=
selben unwürdiges Mitglied/ verbunden und in
dem Werck begriffen bin/ durch eine in Syllogis-
mos gezogene Form der Welt zu zeigen/ wie/
und in was vor Puncten der Author des Programmatis sich wieder die Musicos verstossen/ als
habe solche meine Deductionem solidam vor dem
Thron Euer Hoch-Fürstlichen Durchlaucht de-
müthigst niederlegen/ und Ihnen/ als einem
unserer Zeiten verwunderlichen Salomoni zum

A 3   Ge=

Gerichte. darstellen wollen / so wohl / daß ich
nach der Richtschnur der Wahrheit geurtheilt/
als auch durch solch unterthänigstes Beginnen
veranlasset werde / meine Wiederlegung in solche Terminos zu fassen / die weder am Valor un-
gültig / noch auch demjenigen / wieder welchen
ich schreibe / verkleinerlich sey. Hiermit falle
vor Euer Hoch-Fürstl. Durchlaucht nochmahls
in Demuth nieder / und indem ich niederfalle/er-
hebe ich mich / in der Hoffnung / Sie werden al-
lergnädigst geruhen den jenigen zu beschützen/
der sich nechst Empfehlung Göttlicher Gna-
den-Protection verpflichtet zu sterben

Euer Hochfl. Durchl.

meines gnädigsten Fürsten
und Herrn

Weissenfels den 1. Febr.
1691.

Unwürdigster

Johann Bähr.

Dedu-

DEDUCTIO.

Rey Dinge seynd / vor welche GOtt dem Allmächtigen zu dancken/ grosse Ursache habe. Erstlich: daß er mich in dem Schooß der Christlichen Kirchen hat lassen gebohren werden. Vors andere: daß er mich mit einem überaus frölichem Gemüthe begabt. Vors dritte / daß er mich tüchtig gemacht/ eine solche Kunst zu ergreiffen/ dadurch er in alle Ewigkeit will gelobet werden. Vor das erste Stück nehme ich nicht Himmel und Erden. Vor das andere nicht alle Schätze des grossen Moguls. Und vor das dritte / weder Socratis, Platonis, Aristotelis, Cartesii, oder aller Philosophorum ihre terminos, samt des überaus subtilen Scoti Reportilibus, welcher in seinen Schrifften so hoch ist / daß auch die allerklügsten Köpfe kaum seine terminos begreiffen/ vielweniger verstehen können. Dann / ein Christ seyn / was ist seeliger? Ein fröliches Gemüth haben/ was ist vergnügter? Die Music studiren/was ist sinnreicher? Ich will die ersten zwey Stücke an ihrem Orthe beruhen lassen/ und von dem letztern dermahlen dieses sagen: daß sie warhafftig etwas Göttliches in sich habe. Dann betrachte ich so viel mahl hundert tausend/ und unzehlich mahl tausend mahl tausend Verwendungen / welche vermittelst eintziger sechs Stimmen können zu wege gebracht werden / so komme ich öffters aus mir selber. Daß ein Orator viel reden kan / ist kein Wunder/ er hat vier und zwantzig

A 4 　　　Buch-

Buchstaben. Daß ein Mahler viel mahlen kan / er hat vielerley Farben. Daß ein Arithmeticus viel zehlen kan/ er hat neun Zieffern. Daß aber ein Musicus mit sechs wenigen Noten so unendlich machen können/ die Stimmen verwandeln/ den Ton verwenden/ verwerffen/ versetzen/ und ihn doch allezeit regulariter formiren kan/ dieses ist etwas/ was Menschen nicht gegeben haben/ und was sie nimmer begreiffen können. Ich zehle alle Gräßlein der Wiesen und Auen/ alle Blätter der Bäume/ alle Tropffen des Meers/ der Flüsse/ Brunnen/ des Regens und Thaues. Ich betrachte alle Füncklein/ welche von dem Feuer ernehret/ und alle Gedancken/ welche von denen Menschen gemacht werden. Ich erwäge alle Schnee-Flocken/ welche Bruma über den allgemeinen Erdboden aus-streuet/ alle Haar der Menschen und des wilden Viehes/ alle Schuppen der Fische/ alle Sandkörnlein der Ufern/ alle Buchstaben/ die man geschrieben/ und die noch sollen geschrieben werden/ dannoch hab ich gegen die unzehlichen Variationen der Music, noch nichts gezehlet / nichts betrachtet/ nichts erwogen. Warum enthalte ich mich aber in dem Lob dieser göttlichen Kunst/ der ich ein Mensch bin? Kan Egypten auch die Sonn erleuchten? Scheinet der Diamant köstlicher/ wann ihm ein Ziegelstein beygelegt wird? Ich will ja widerlegen/ und nicht loben/ warum thue ich dann das? quare hoc? Es ist deme also/ ich unterfange etwas meinem Vorsatz zuwider. Aber geneigter Leser/ so groß ist die Tugend dieser Würdigen/ so durchdringend der Glantz dieser Kräfftigen/ und so herrlich der Sieg dieser Triumphirenden/ daß ich auch

ihren

ihren bloſſen Nahmen nicht ohne Reverenz nennen/
noch ihre Ehren-Seul ohne billigen Zuruff meines
wenigen Lobes/vorbey gehen kan.

Ich wundre mich demnach nicht wenig/und dürffte
ſeuffzend wohl ſagen: Verſa eſt cythara noſtra in fle-
rum, & organum noſtrum in vocem flentium! wann
ich betrachte/ daß zu dieſen unſern Zeiten ſo ſaurtöpfig-
te Melancholici und Μισαρ̃θρωποι gefunden werden/
welche ſich nicht entblöden/in den offenen Tag hinein
zu ſchreiben/ die Muſic wäre einem Fürſten unanſtändig.

In dieſem termino verſtiege ſich neulich Hr. Gottfried Vockerod/ des Gymnaſii Illuſtris zu Gotha
Rector, welcher in ſeinem am 10. Auguſti 1696. her-
ausgegebenen Programmate, dieſelbe nicht allein auf
das alleranzüglichſte/ſondern auch die Muſicos derge-
ſtalt abſcheulich höhniſch durchgezogen und abge-
tarniffelt/ gleichſam/ als erlernten ſie die edle Kunſt
nur deßwegen/ damit ſie ſich des Bettelgehens erwehren möchten. Wohin er durch ſolche Schrifft ſeine
Pfeile zu ſchieſſen gedacht/ habe ich/ ſo ſehr er auch
ſeinen Lateiniſchen circumquaque, das iſt/ den Re-
gen-Mantel/ um ſich geſchlagen/ dannoch Sonnen-
klar geſehen/ dann er ſucht nicht allein über die Muſicos eine ſchwartze Brüh zu gieſſen/ welche zu Latein
heiſt/frater tuus in tenebris, ſondern auch/ quod no-
tandum, hohe Häupter/ welche ſich gegen ſolcher ge-
nädig erweiſen/ anzuſtechen/ welches die Exempel des
Caligulæ, Claudii und Neronis ſo augenſcheinlich an
den Tag legen/ wie der Brillen-Macher zu Regenſpurg ſeine Naſen-Fenſter.

A 5   Und

Und wem ist unter denen Studirten wohl unbe-
kandt / wie sehr sich in denen Trivial-Schulen der gute
Cajus muß herum kheien lassen? Wer weiß nicht / wie
man dem Caligulæ, die caligas mit einem Harumpaltz
auf Ungarische Manier abklopfft? Wer entsinnet sich
nicht / wie man dem Claudio mit Klauen ins Gesichte
fährt / daß er aussehen möchte / wie einer der mit Mau
Mau Kraut gefressen hat? Wem ist entfallen / wie
man sich mit dem Nerone immer nergelt? Und diese
drey Exempel der übel-regierenden Römischen Käy-
sern / wissen sich die Music-Feinde so hauptsächlich zu
Nutzen zu machen / gleich als hätte sie zu ihrer ver-
werfflichen Regierungs-Arth / nichts als diese herrliche Kunst veranlasset. Wir wollen aber in der Com-
putation weit ein anders Facit finden / und Constan-
tinopel nicht im Voigtland / sondern in der Türckey
antreffen. Nun gehts drauf loß.

Ob ich nun wohl / wie der Augenschein giebt / die
Widerlegung Teutsch zu machen / Willens bin / so habe doch um der Sache Nothwendigkeit wegen / viel
Lateinisches mit einmengen müssen. Gleichwohl
aber / will ich nicht allein auf das allereinfältigste schreiben / sondern auch das Latein so anwenden / daß es auch
dieser / der nicht studirt hat / verstehen könne. Ich
weiß wohl / daß fast ein ieder Speck-Ritter an denen
Musicis will zum Meister werden / indem am Tag ist /
daß die wenigsten unter ihnen studirt / und weiter nicht /
als etwan an die Gräntzen der Logic hinan marchirt
seyn. Derowegen beginnen etliche der Lateinischen
Marx-Brüder / Lucas- und Feder-Fechter / immer
mit dem Dusacken auf sie zu schlagen / machen ihnen
mit

mit der langen Stange eine Finte hinten die andere
vornen / und schiessen mit dem Ciceronianischen Puf-
fer / daß die Zündtpfanne zerspringen möchte. Nun
ist es an dem / quod non cuilibet liceat adire Corin-
thum, alle können wir nicht alles / und muß ein ieder
mit dem von GOtt ihme verliehenen Pfund vorlieb
nehmen / ist auch hier meine Disquisition nicht / was
dieser kan / oder was jener hätte lernen sollen / und bin
durchaus nicht willens zu parliren / wie sich da einer
auf der Lateinischen / und dorten wieder einer auf der
Teutschen Schild-Wache mit denen Cessuren ver-
puffe / vielweniger melde ich / wie sich bald dieser in
connexione, und jener in disjunctione textus so wohl
in der Copula als auch in distributione partium con-
nexarum & divisarum verschnackle / dann von solchen
Sachen ist in meinen musicalischen Discursen / welche
dermahlen zu Nürnberg gedruckt werden / in der
abundanz geredet worden. Gehören auch solche
Dinge nicht hieher / und würde durch kein principium
der Philosophie zu verantworten seyn / wann ich diese
hier abfenstern wolte / welche ich zu defendiren suche/
sondern weil alles so gar Mause-still schweigt / und ob
defectum studiorum, wie ich höre / sich frembde Leute
unser annehmen müssen/ hab ich es vor rathsam erach-
tet / weil es causam publicam concernirt / meinen eine
ziemliche Zeit an die Wand gehangenen Studenten-
Carbiner herunter zu langen / den verrosten Lauff mit
dem Lad-Stecken per successionem regularem tapffer
auszufegen / solchen mit Steyr-Märckischen Pulver
zu laden / und auf den ehrlichen Herrn Rector, loß zu
brennen. Und solches um so viel verantwortlicher/
weil

weil mir derſelbe ſein eigen Zünt-Kraut auffſchüttet/
welches/ wie die Stücke zu Saltzburg am Frohn-
leichnams-Tage/ wacker knallen wird. Kunſt-Sta-
bler/ mach den Stück-Wiſcher zu recht.

Man weiß/ und lehrt es die Erfahrung/ wann die
Bähren durch kein Mittel aus ihrer Höle können gebracht werden/ ſo zwinget ſie das Feur. Demnach
nun Herr Rector Vockerod ſo hitzig auf die Muſicos,
und alſo auch auf mich loßgehet/ muß ich nolens vo-
lens aus der Caverna hervor/ und wird mich niemand
verdencken/ wann ich gleiches mit gleichem vergelte/
und gleichwie er Papier auf mich geſchoſſen/ alſo ich
wieder Papier in meinen Carbiner einſtopffe/ und
nach der Welſchen Red-Art zu ſagen/ tapffer Schieß-
loß mache. Gefreyter heraus/ Purſch ins Gewehr/
nun gehtder Philoſophiſche Scharmützel an.

Er betitult ſolches Programma, falſam mentium
intemperatarum medicinam, das iſt: Eine falſche
Artzeney unrichtiger Gemüther/ durch welche er die
Muſic verſteht. Bringt dannenhero Caligulam,
Claudium und Neronem auffs Tapet/ welchen die
Muſic, das Tantzen/ und die Schau-Spiele ziemlich
übel ſollen angeſtanden haben. In dieſen tribus ge-
neribus beſteht die Cardo totius Argumenti.

Warum aber die Muſic groſſen Herren zu lernen/
ſoll unanſtändig ſeyn/ behauptet Herr Rector Vockerod mit unterſchiedlichen Exempeln/ die er in ſeinem
Programmate weitſchichtig anführt/ und ich ſolches/
weilen es Lateiniſch/ und auch ziemlich lang iſt/ nicht
habe wollen hieher drucken laſſen. Gleichwohl will
ich hier nach Teutſcher Treu und Glauben/ aufrichtig

han-

handeln / ihme nicht andichten / was er nicht gethan /
und ihn nicht verschonen / wo er verdienet / ein bessers
unterrichtet und verständiget zu werden.

Und damit ich die Sache / wo es nöthig ist / angreif-
fe / so möchte wohl wissen / warum einem grossen Herrn
die Music unanständig seyn solle? Und warum der
Herr Rector nicht bedencket / daß sie dem Manne nach
dem Hertzen GOttes / der mehr als ein Fürst gewesen /
nicht unanständig war? Dieser grosse König (der
Herr Rector sehe nur seine Contrafactur, er wird / wie
mich düncket / eine Harffe in der Hand haben) hat
nicht nur gemeinen Leuten / sondern allen Menschen /
adeoque etiam Ducibus, im 150. Psalm die Vocal-und
Instrumental-Music recommendirt. Qui enim omnis
dicit, nullum excludit, wer da spricht: Singt alle /
lobt alle rc. der schleußt keinen aus. Es müste dann
einer ein solch individuum seyn / welches nicht zu andern könte gezehlt werden / wie ein Trummelschläger
zu Spandau meynte / er gehörte nicht unter die Soldaten.

Aber / mein geliebter Leser / die Præcisisten in
Holland / welche alles so stricte und præcise nehmen /
seynd mit Voëtio, ihrem Patron und Rädleins-Füh-
rer noch nicht abgestorben. Er hat viel fratres tur-
bantes und nachschleppende Post Scripta hinterlassen /
die aus Adiaphoris und Mittel-Dingen groß Wesens
machen. Sie halten eine Kohle vor den Vulcanum,
aus einem Wachs-Lichtlein machen sie den Strongi-
lum, aus einem Feur-Zeug den Ætnam, und aus einem Finger-Hut / einen Brau-Kessel / davor sollen
sie Kosend trincken. Solte Salomo so lange gelebt
haben /

haben / biß diese überaus scharffe Piquetirer wären ge-
worben und unter die Schul-Fahne gestellt worden/
würde er sie aus seinem Pred. 7. 17. also angeredet/
und ihnen ein klein Rittornello (die Musici wissen
schon / was dieses vor ein animal irrationale sey) fol-
gende Worte musicirt haben: Sey nicht all.zu ge-
recht und all zu weise. Welcher Orth wider diese / die alles so genau auf dem Näglein suchen /fleißig
zu mercken ist. Weil er nun medicinam mentis pro-
ponirt /so wird ihme hingegen des Herren Thirnhau-
sen seine Medicina mentis hinwieder præsentirt / und
zugeruffen: Medice, cura te ipsum. Artzt / hilff dir
selber. Schuster / sticke dir selbst den Pantoffel.
Schneider /pletz dir das Wamst. Barbirer / butze
dir das participium in am, ut barbam. Das Recept,
welches sich der Herr Rector zu seiner Medicin bedie-
nen kan /ist kein Teutscher /sondern ein Lateinischer
Zettul / und heisset: Ob Abusum non tolle Usum.
Namque: Usus habet laudem, crimen abusus habet.
Auf Teutsch: Wegen des Mißbrauchs hebe den Gebrauch nicht auf. Und um einer Pfeiffe willen/ reisse
die Orgel nicht über den Hauffen.

Wolte GOtt / es lebten noch Lutheri, so würde
man nicht selten seine Worte f. 357. 536. in Tisch-Re-
den 469. wiederholen hören. Der schönsten und
herrlichen Gaben Gottes eine ist die Musica, dieser ist der Satan sehr feind. (O du hertzlieber Lu-
ther, auch andere Kerlaten) Sie ist das beste Lab-
sal eines betrübten Menschens / dadurch das
Hertz wieder zu frieden wird/ sie ist eine Zucht/
meisterin/ so die Leute sanfftmütig machet;
(wie

(wie hat sie dann Neronem rasend gemacht?) Musicam habe ich allzeit lieb gehabt / wer die Kunst kan / ist guter Arth; (ergo wer sie nicht liebt / noch kan / ist nicht guter Arth) Sie ist eine schöne herrliche Gabe Gottes / und nahe der Theologiæ, ich wolte mich meiner geringen Musica nicht um ein grosses verzeihen; (ich auch nicht/) Die Jugend soll man stets zu dieser Kunst gewöhnen / (und nicht zu ihrem vituperio peroriren lassen) dann sie macht feine geschickte Leut. Wer die Musicam veracht / wie dann alle Schwärmer thun / mit dem bin ich nicht zu frieden; (Neque ego, mi charissime Luthere) denn sie macht die Leute frölich/ man vergißt dabey alles Zorns. Tom. 8. Jenens. fol. 356.

Weil aber vermuthlich von dem Herrn Rectore das Studium Musicum Principis, nicht in totum, sondern nur in tantum, verworffen worden / dann keine so grausame Finsterniß wird über sein Clima gefallen seyn / sondern nur so fern er inter actores Scenicos, das ist: Operen, Comœdien, und dergleichen musicirt; singet / geigt und tanßet / wie sein Latein lautet / als wollen wir das Haupt- Argument anatomiren / ihm das Wasser besehen/ und alsdenn sagen/ ob der Hund am Hünerbein oder an dem Gänse-Flügel erstickt sey. Wer nicht studirt hat/der geh auf die Seiten/ich schiesse Salve / platze mir bey Leibe keiner hinten nach!

Was dem Caligulæ, Claudio und Neroni geschadet hat/das schadet allen Fürsten. Nun hat das Musiciren/Tanßen und die Lust-Spiele Caligulæ; Claudio und Neroni geschadet/ ergo schadet musiciren/tanßen und die Lust-Spiele allen Fürsten. Ne-

Nego majorem. Der Vorspruch ist nicht nach
dem Leipziger Fuß gemüntzet. Darin / à particulari
ad universale non valet Consequentia. Von einem
Fürsten auf alle schlüssen / ist in der Philosophie verbothen. Nocuit etiam Neroni gladius, quô se interi-
fecit, heißt auf Teutsch: Es hat dem Neroni auch der
Degen geschadet / womit er sich umgebracht hat. Ergò, legt das Gewehr ab / O ihr Monarchen / hängt
Mäntel auf die Schultern / wie der Herr Rector ; und
ziehet aus dem Land / ihr Schwerdtfeger. Da habt
ihrs nun! Seht was der Herr Rector zu Gotha vor ein
Zeug-Hauß aufrichten kan. Lacht wacker!

Nego porrò majorem, ich gebe noch einmahl Feur.
Non enim statim nocet aliis Principibus, quod nocuit
Neroni, Claudio, vel Caligulæ. Es ist nicht stracks
andern Fürsten schädlich / was Neroni oder einem un-
ter diesen schädlich gewesen. Ratio: Quia jam alii
sunt ludi scenici, quàm tunc temporis. Dann ietzt
werden weit andere Comœdien gespielt / als dazumahl;
Es ist zu wissen / daß man dazumahl in denen Schau-
Spielen nackend gekämpfet hat. Wo hat der Herr
Rector iemahls auf einem Theatro einen hominem
Platonicum gesehen? Dazumahl haben sie warhafftig und nicht fictè denen Heydnischen Güttern (als da
seyn / Mars, Cupido, Venus, und der ehrliche Vizli
Puzli) geopffert. Dazumahl sagten sie: Non est
turpè adolescentulum scortari, wie Terentius spricht;
(mag es um Aergeniß willen nicht verteutschen) geschicht dann dieses ietziger Zeiten auch sp? Wessen
Ohr hat ein solches gehört? Wessen Aug hat ein solches gesehen? Ecce! Distingue inter tempora; rem
&c. pos-

nodum & concordabunt Scripturæ. Der Zucker
aſtel iſt zu Prag gehangen worden/ ergò iſt der
cker-Beck zu Stuhl-Weiſſenburg auch ein Hen-
ſmäßiger Maußkopff. Lacht wacker. Nam duo
n faciunt idem, non eſt idem.

Ich läugne auch noch dazu Minorem. Daß nehm-
das Singen/ Tantzen und dergleichen ſey die Ur-
) geweſen der Tyranney. Nullatenus, durchaus
)t. Non enim ſequitur: Cauſa cauſæ eſt etiam
ſa cauſati. Quia Muſica non eſt cauſa influens in
:annidem. Daß er und andere Tyrannen gewe-
/ kam nicht von der Muſic, ſondern von ſeiner bö-
Natur her/ von ſeiner Hoffart/ Pertinacia, Inobe-
ntia, Luxuria, blutiger Rachgier/ Zorn und der-
chen. Cajus ob filtrum erat furioſus, teſte Joſe-
›, zu Teutſch/ Cajus hatte einen Liebs-Tranck ein-
ngen/ (ich lobe mir Karsdorffer-Bier davor) da-
ch er iſt raſend worden. Da liegt der Hund be-
ben/und nicht in den Violin-Futterall.
Iſt nun wegen des Mißbrauchs die Muſic, das
ntzen und die Schau-Spiele zu vermeiden/ſo müſ-
per paritatem qualitatis auch die Schulen und
mnaſia gemieden werden/ idque ob accidens, quia
ndoque ſunt ſeminaria malorum. Dann in de-
i Schulen geht ſehr viel Unkraut auf. Wie nun
Herr Rector ſeine Schule defendiren wird/ ſo de-
dire ich die Muſic, und wird er in ſeiner Ration zu-
ich die meinige/ wie eine Braut auf dem Tantz
um führen/ und ein Welſches Saltarello per uno
lino piccolo abtantzen.

Sollen die Schulen/ quod non facile feret Au-
B thor,

thor, nicht abgeschafft werden. Nun so solst auch/ du meine Music, O du auserwehlte Tochter Mercurii, feste, stehen bleiben/ wie die zwey Abgesandten/ von welchen der überaus sinnreiche Jesuit Casparus Knittel, in Conc. Dominic. meldet/ daß sie auf der Brücken zu Prag um der Præcedenz willen einen gantzen Tag unbeweglich gegen einander gestanden/und allen Vorübergehenden grosses Gelächter verursacht haben.

Solle man die Drückerey abschaffen / quia obscœnà quandoque imprimuntur, weil man den ehrlichen Eulenspiegel und andere Zoten drücket? Nego per utramq; Philosophiæ mensuram. Solle man den Wein abschaffen/quia facit ebrium, weil er toll macht? Nego per totum. Soll man sich von der Ehe enthalten/ weil darinnen/ wie Bellarminus lächerlich argumentiret/ viel Eifersucht vorgehet? Nego per totum. Soll man sich vom Frontiniac enthalten/ weil er/ nach der Lehre etlicher Medicorum, das Geblüt entzünden kan? Nego per totum. Vielmehr soll mir ein Glaß eingeschenckt/ und des Herrn Rectoris gute Gesundheit/auf seneres glückliches Wohlergehen/ getruncken werden/ Prosit! ein Halbes / nam, medium tenuêre beati.

Was aber die Ludos Scenicos anbetrifft/ davon wollen wir des sehr berühmten Straßburgischen Theologi, Herrn. D. Danhauers Meynung in Christeide anher setzen. Attendite. DEUS ipse consecravit Dramata & ludos scenicos. Apocalypsis est Dramma. Ibi immiscet se inter actores scenicos Principum Princeps Christus. Theatrum est mundus, nec deformat majestatem. Tragœdia est Apocalypsis, sive funestus exitus hostium Ecclesiæ, interscenia musica faciunt Angeli c. 12. Persona Principalis est Ecclesia, Dia-

Diabolus est morio, Christi simia. Auf Teutsch:
GOtt selbst hat die Schau-Spiele geheiliget.
Die heimliche Offenbahrung S. Johannis ist eine
Opera oder Comœdie. Dort mischet sich unter
die Agenten der Fürst aller Fürsten / Christus.
Der Schau-Platz ist die Welt / und benimmt
er Majestät GOttes nichts. Die Offenbah-
ung an sich selbst ist eine Tragœdia oder ein trau-
iger Ausgang aller Feinde der Christlichen
Kirchen. Die musicalischen Neben-Spiele wer-
en von denen Engeln in 12. Capitul gemacht.
Die Haupt-Person ist die Kirche. Der Teuffel
st Monsieur Pickelhäring / oder Jean Potage / wel-
her Christo alles nachäffet. So viel von die-
r Vergleichung / welche der berühmte Straßbur-
ische Theologus an die Hand giebt.

Wir wollen aber à minori ad majus, das ist / von
er hölzern zu der steinern Brücken / und von Dan-
auero zu Lutherum gehen / der hält das Büchlein Ju-
th, Tobiæ und Hiob vor eitel Comœdien.

Was soll ich aber hier viel Kramantzens machen?
Warhafftig die Schau-Spiele seyn lebendige Exem-
l der Tugenden und Laster. Exempla autem for-
us movent quàm præcepta, spricht Herr Vockerod
lbsten im Programmate p. 3. Das heist auf Teutsch:
Die Exempel bewegen mehr / als die Gebot.

Dicis: Est collusio cum Ethnicis. Sprichstu / man
gt mit denen Heyden unter einer Decke / es heisse /
eidet allen bösen Schein / wie Paulus vermahnet.
So antworte ich: In se non est collusio cum Ethni-
s, sed collusio cum Jobo, Tobia & Judith. Wir spielen

nicht

nicht mit denen Heyden/sondern mit Tobia/mit Job/
mit Judith/und mit der Offenbahrung Johannis/das
seynd verstandener massen auch Comœdien, will gern
sehen/wer an dieser Coloratur etwas zu tadeln finde?

Weiter im Text. Ihrer viele mißbrauchen die
Worte : Was nicht aus dem Glauben geht / ist
Sünde: Singen/Tantzen/ Comœdien spielen / geht
nicht aus dem Glauben / ergò haben die Venetianer
die Insul Moream eingenommen.

Diesen Spruch nehmen sie ad Rom. 14. und machen sich damit so mausig / wie jener Capitain mit seinen 3. Soldaten ins Glied/hinten und forn kein Mann.

Respondeo ad rem formaliter. Ich antworte also :
In das Phasan-Hauß spatzieren gehen/geht auch nicht
aus dem Glauben / ergò darff man dorten nicht auf
das Bäncklein steigen / und das herrliche Lied wie der
Schmaragd im Golde ꝛc. à 4. Bassi absingen: aber ad
Rom. zu antworten: So will geschweigen/daß daselbst
Glauben nicht heisse / glauben an Christum / sondern
concernire animi certitudinē in rebus adiaphoris, welches tapfere Interpretes aus dem Context darthun/nur
dem Cardinal Bellarmino, welcher L. V. de lib. Arb. C.
10. diese Auslegung so gern heben/und den zuversichtli-
chen Glauben an Christum gantz ausgeschlossen wissen wolte / nicht die Brücke zu treten / und der klaren
Folgerey nicht Gewalt anzuthun / so mags / sage ich /
wegfallen / muß aber hingegen nicht flugs gelten / daß
musiciren / Comœdien und Operen aufführen / weder
aus dem Glauben folgen / noch dabey stehen könten/
und solcher Handlungen Interessenten den Glauben
verlieren / sich aus der Gnade GOttes setzen / und in
dessen

deſſen Gerichte fallen müſſen. Denn das iſt eben
die Braut / darum wir tantzen / Herr Rector, die ich
mir eher aus der Hand nicht nehmen und abſchwatzen
laſſe / biß ſie mir/ ihrem Verlobten/durchs Ehe-Recht
abgeſprochen wird. Matz/ blaß den Sack an / der
Beer will tantzen.

Dann im Prediger Salomone finde ich : Tantzen
hat ſeine Zeit. Ecce! Approbat, non culpat, was
ſagt der Herr Rector dazu ? Ich diſtinguire ferner/ inter nimium & modicum. Neronem haben die ludi
ſcenici nicht in ſe ärger gemacht / ſondern / weil er ſie
NB. zu viel und NB. NB. allein tractirt. Es war ſein
Ἔργον, ſein Handwerck gleichſam / und nicht ſeine
Erquickung. Item/ er lieſſe Laſter ſpielen / dazu er
Luſt hatte. Dieſes alles reimt ſich auf unſere ſcenas,
wie eine Katz auf eine Hopffenſtang / oder wie ein
Fuchsſchwantz zu einem Glocken-Klöpel.

Dicis : Sprichſt du : Cajum, teſte Suetonio, nimis ludos ſcenicos appetiiſſe, Cajus habe allzuſehr die
Schau-Spiele geliebt : Reſpondeo : Ich antworte :
Vitetur ergò nimius appetitus, non moderatus, man
ſolle das allzuſehr/ allzuſehr / allzuſehr / und nicht das
billige fliehen. Ne quid nimis. Omne nimium ve-
titur in vitium, auch die überflüßige Artzeney kan zum
Gifft werden. Könte auch wohl / wann ich Luſt zum
liederlichen Zancken hätte / des Suetonii authorität
läugnen/ wolte gern ſehen / wer einen Eyd über ſeiner
unbetrüglichen Warheit thun/ oder einen Canonicum
aus ihm machen wolte ?

Und was will man viel Gepimpele/ Gepampele
von der Muſic machen ? Muſica non tollit vigorem,

B 3   wie

wie das Programma lautet / led auget. Die Music
schadet den Königen nicht allein nicht / sondern hilfft
ihnen und stärcket sie. Quare hoc? Warum dieses?
Scriptum est, es steht geschrieben / daß / als David
vor dem König Saul auf seiner Harffe spielete / wur-
de es besser mit ihm. O / laßt uns alle auf der Harffe
schlagen / so wird es dem Satan gehen / als hätte er
Franckfurter Pillen gefressen.

Dicis: Sprichst du: In Schau-Spielen, seynd
viel Liebes-Sachen: Distinguo inter eorum modi-
cam præsentationem, & immodicam, cum approba-
tione & improbatione. Ich defendire alles in ab-
stracto, nicht alles in concreto. Etiam in Cantico
canticorum wird viel von Liebes-Sachen gelesen,
Denen Reinen ist alles rein / denen Sauer-Töpffen
schmeckt alles mit Eßig gekocht. Was lieset man nicht
von Thamars / Dinæ und Bathseba Liebes-Ge-
schichten? Scandalum est acceptum, non datum, da
steckt der Knoten/u. nicht zu Wien im Jungfrau Gäßel.

Distinguo ferner inter Saltationem lascivam & re-
creatoriam. Hätte mancher Tantzen gelernt / gien-
ge er auf der Gasse nicht daher / gleich als wären ihm
seine Beine aus einem Fiedel-Bogen geschnitzt worden / daran die Waden scheinen rebellisch zu werden/
wie die Malcontenten in Ungarn.

Ultrò, quod Princeps, daß ein Fürst / personam
servi, die Gestalt eines Knechtes/ rusticique und eines
Bauerns / induit, nachahme per se non est impium,
ist an sich selbsten nicht verdammlich. Hört ihr Herren und laßt euch sagen: Scriptum est, es steht geschrieben in Pentetev. daß niemand ein Weibliches Kleid
an-

anziehe. Nehmlich NB. wann es libidinis, deceptionis, proditionis, cædis causâ geschicht. Solche intentiones paſſiren nicht auf dem Theatro. Ergo. Chriſtus zog ſich an als ein Gärtner/ was ſagt der Herr Rector hierzu? David ſtellte ſich / ut ſtultus, wie ein Narr/ ſo/ daß er auch mit den Mund geiſerte. 1. Sam. 2. Quare hoc? Warum dieſes? Sein finis ſive Ratio intentionis war gut. Ergo omne tulit punctum, qui miſcuit utile dulci. Interpone tuis &c. Will es nicht gar ausſchreiben/ dann denen Scholaſticis ſeyn dergleichen Sachen nur ſchlechte Kratz-Bürſten/ und ſo gemein/ wie die Bäyriſchen Schindel-Nägel im Stärtzen-Bach zu Regenſpurg.

Mein lieber Herr Vöckerod/ groſſe Herren/ groſſe Sorgen/ ergo recreant ſe. Eſt humilitas, condeſcenſio in adiaphoris, ſi ſe immiſcunt ſaltantibus. Facit ad exercitium corporis, ad ſitum corporis. Auguſt. L. 2. de Muſica: Sapientis eſt, interdum animum à ſeriis revocare. Ein Kluger greifft unterweilen nach der Fiedel/ (ſchlägt aber den Fiedel-Bogen niemanden um den Kopff.) Balduinus in Caſ. Conſcient. conſentit. Warum will dann der Herr Rector zu Gotha keine Capriollen machen?

Ferner: Uſus ludorum ſcenicorum eſt Geographicus, inde diſcitur Geophraphia antiqua. Eſt Politicus, quando Reges & eorum regimen præſentatur. Eſt uſus bellicus, ſi eventus belli ſiſtuntur. Eſt Moralis, ſi virtutes & vitia deſcribuntur. Eſt Hiſtoricus, ſi hiſtoria eccleſiaſtica vel profana exhibetur. Summa: Scandalum eſt acceptum non datum. Zu beſſerer Erklärung dieſes Paſſes audiamus Lutherum,

B 4   was

was derselbe vom Tantzen hält. Tom. 4. Jen. Germ.
f. 133. sieht also geschrieben: Weil Tantzen auch der
Welt Brauch ist/des jungen Volckes/so es züch-
tig/ohne schandbare Wort oder Gebärde nur
zur Freude geschicht/ ist. NB. nicht zu verdam-
men/ denn ein Christ läst der Welt ihr Recht/
daß nicht die hoffärtigen Heiligen/ so balde
Sünde daraus machen / wann mans NB. nur
nicht in Mißbrauch bringt. Matz/ blaß den Sack
noch einmal an/ der Beer will wieder tantzen.

So viel habe in aller Kürtze zur Haupt-Sache antworten wollen/weil ich im gantzen Schediasmate dieses
eintzige Argumentum prægnans gefunden/ welches
nicht aus Göttlicher / sondern Heydnischer Schrifft
wider Christliche Fürsten und Musicos angebracht/
aber nunmehr genugsam ist zerfiltzet / umgeworffen/
und geholhipt worden.

Ich will aber den Herren Rectorem, einer Mühe
zu überheben / mich selbsten noch mit einem Argument
impugniren/ und nach der Lehre meines sel. Præce-
ptoris, des berühmten D. Schertzers / meines Anta-
gonisten in den Stegereiff helffen. Dann ich bin ein
Bähr/ und ungewohnet/ so wohl andern/ als auch
mir selber den Fuchsschwantz zu streichen. Schlüsse
demnach also: Wer die Heydnischen Götter anrufft/
der handelt nicht als ein Christ. Auf denen Operen,
Comœdien und andern Schau-Spielen/ ruffen die
Actores scenici Heydnische Götter an / ergò handeln
sie nicht als Christen. Wer nicht handelt als ein
Christ/ der hat den Glauben verläugnet: wer den
Glauben verläugnet / ist ein Mameluck: wer ein Mameluck

luck ist/ hat sich des ewigen Lebens nicht zu getrösten/ ergò kan ein Actor scenicus, welcher die Heydnischen Götter anrufft/nicht seelig werden.

Respondeo breviter & benè: Ich antworte kurtz und gut/ limitando majorem, mit gewisser Umschränckung der ersten Proposition, also: Wer die Heydnischen Götter in statu Confessionis von Grund des Hertzens anrufft/ der handelt nicht als ein Christ. Auf eine solche Restriction wird die minor schwindsüchtig/ kriegt Atritin. vagam, ist caduc, wie ein eingefallen Spital/ und ist nichts nütze dazu. Dann es ist wohl zu behalten/ daß/ indem der Actor scenicus agirt/ es die Bewandniß mit ihm habe/ wie mit dem Auge. Oculus enim, dum videt, non agit, sed patitur, dann/ indem das Auge siehet/ so thut es nichts/ sondern es leidet/ ist also die gantze Sache nicht in activâ, sondern passivâ qualitate zu attendiren. Der Actor, indem er spricht: O Jupiter! O Mercuri! O Dido! O Glauce! &c. So thut er erstlich eine Sache/ nicht in statu Confessionis, das ist/ eine Handlung des Glaubens/ mit nichten/ sondern er ist in einer Handlung ausser dem Glaubens-Bekäntniß begriffen. Secundo: So ist er vielmehr ein Vorbild dessen/ welcher in seiner Heydnischen Blindheit solche Helffer und lahme Auxiliatores gesucht hat/ und leidet also mehr/ als er wircklich thut. Dann wer etwas thut/ was er nicht will/ der hat nach meiner Philosophie mehr gelitten als gethan/ und hat es also/ subtiel considerirt/ etlicher gestalten nicht gethan. Thut nun ein solcher Actor scenicus nicht/ was er thut/ wie spricht man dann/ er handle nicht als ein Christ? Ich explicire

B 5   mich

mich ferner wegen des majoris also: Daß zu unter-
scheiden sey: Inter materias tractatas & tractandas;
unter denen Materien/ die zu handeln und nicht zu handeln seynd. Wäre freylich nicht zu loben/ wann mancher Componist mehr Fleiß anwendete/auf dem Theatro die Ohren zu kützeln / als in der Kirche die Hertzen
zur Andacht aufzumuntern/wie sich dann vergangener
Jahren in Italien ein so grausames Unwesen erhoben/
daß der Pabst ein sonderliches interdictum wider die
Componisten affigiren lassen / damit der Stylus Thea-
tralis von dem Gottes-Dienst abgesondert bliebe/
und wäre zu wünschen/Herr Vockerod hätte hier die
Sache nicht an sich selbst/ so nudè und simpliciter/
sondern secundum quid, angegriffen / solcher gestalten
wolte niemals wider ihn/sondern mit ihme zugleich ge-
schrieben/und den Schuh-Zwäcken in den rechten Lei-
sten geschlagen / auch propriissimè gesagt haben / wie
man der Katzen die Schellen anhängen solle? Indessen præsumirt nur ein Unchrist von Christlichen Potentaten / daß sie unchristl. Schau-Spiele aufführen las-
sen/und seynd etliche Decisa regulativa von Universitä-
ten vorhanden / welche è diametro wider diejenige ge-
hen/ welche Operen, Comœdien, nudè consideritt/
verbiethen wollen.Ist auch nicht sufficient,wann man
sagen wolte / Herr Vockerod hätte es nur in abusu
gemeynet/ Ratio, weil von dem abusu im gantzem Programmate kein Jota zu finden. Es liegt auch das mei-
ste an dem/ wie mans expressè verstehet/ und nicht wie
man es implicitè meynet. Denn solcher gestalten
kan man auch den Teuffel zu einen Engel machen.

Noch

Noch ein anders Argument: Was Neronem rasend gemacht / das soll man meiden. Die Music hat
Neronem rasend gemacht / ergò soll man sie meiden.
Ich antworte per instantiam. Was die Leute närrisch macht / das soll man fliehen / das Studium litera-
rum hat. 2. Studenten zu Prag närrisch gemacht / ergò
soll mans fliehen. Was der Herr Rector antworten wird auf das letztere / das ist der Schild vors erste.
Und möchte wohl wissen / quo effectu & affectu die
Music Neronem solle rasend gemacht haben? Quin
potius statuatur contrarium, umgekehrt / wird ein
Schuh daraus / indeme die Music eine warhafftig
gute / und durchaus keine falsa medicina mentium intemperatarum ist. Nero, Claudius, Caligula und ihres
gleichens seyn demnach / wann man sie ja tadeln will /
darum zu schelten / weiln sie eine so herrliche Medicin,
welche vermögend war / den König Saul vom bösen
Geist zu liberiren / bey sich nicht haben wollen würcken
lassen / dadurch sie leichtlich von ihrer Raserey hätten
können gebracht werden / wie ich dann ein lebendiges
Exempel in meiner Jugend gesehen / daß ein sonst von
allem Verstand gekommener Mensch / welcher von einer
leichtfertigen Vettel mit einem Philtro verwirret worden / allezeit wieder zu Sinnen und völligen Gebrauch
derselben gekommen / so bald er seine Violin, darauf er
ein stattlicher Meister war / ergriffen hat. Man muß
demnach solche moderatè in gewissen terminis , und
nicht abusivè gebrauchen / noch sich die Medicin zum
Gifft verwandeln. Hier steckt der Fehler und nicht
dort.

Demnach ich aber hiervon zum Uberfluß discurrirt /
will

will ich mich nur noch zu einem Puncten des Programmatis wenden/welcher in der Quaritativa bestehet/wa-
rum nemlich die Musici die Music lernen? Nun macht
eure Säcke auf ihr Herren Collegen, nehmt solche ü-
ber die Achsel/ es wird heißen: Pontificat Moses cum
sacco per civitatem, es geht aufs Bettelgehen loß.
Dann Herr Vockerod sagt per deductionem bonæ
conseqventiæ, wir lernten die Music nur deßwegen/da-
mit wir nicht betteln gehen dörffen/ ecce rancorem
animi! Damit sich aber mein Geblüte nicht zusehr ent-
zünde/ wollen wir ihme die Ehre anthun/ vor seiner
Thür ein Philosophisches Pauperibus date singen/und
ob er gleich ans Fenster klopffen würde/wollen wir
doch immer fort contrapunctiren/ biß er uns entweder
ein Stücklein Brodt/ oder einen Dreyer in einem
brennenden Papierlein/ gleich einem andern Vogel
Phœnix, herunter wirfft. Fiat ergo Argumentum.
   Wer etwas lernt/ der lernt es darum/ damit er sich
des Bettelgehens erwehren müge. Concedo majorem, & subsumo: Der Herr Rector Vockerod hat
Lateinisch/ Welsch/ Fräntzösch/ Tantzen/ rc. gelernt/
ergo hat er es darum gelernt/ damit er sich des Bettelgehens erwehren müge. Willkommen meines glei-
chen/ einen freundlichen Gruß vom Handwerck!
Lacht wacker.
   Mein GOtt! in was wunderliche Consequentien
verfallen die Gelehrten/wann sie von denen verderblich
affecten zu sehr angeflammet werden? Aber ich schlüsse/
daß der Herr Rector nimmermehr in dieses absurdum
würde gekommen seyn/ wenn er durch die Medicin der
edlen Music bey besserer Harmonia wäre erhalten worden.

den. Ich antworte aber zur Sache realiter. Der
Herr Rector weiß wohl / quod unius rei multi possint
esse fines, auf Teutsch: Einerley Reise kan mir zu un-
terschiedlichen Verrichtungen dienen. Da kan ich
Zinß einnehmen/dort Briefe abgeben/an diesem Orth
de immaterialitate spirituum disputiren / an dem andern einen wohlgebratenen Kaphahn verzehren rc. Also gehets auch in Erlernung der Künste und Hand-
wercker / Summa, in Ergreiffung allerhand Professio-
nen. Die Alten sprachen: Schelm / lerne was / so
kömmstu fort auf ieder Straß. Chi sà sonare, sà se
per ogni terra portare, wer Strümpff stricken lernt/
darff nicht barfuß gehen.

Aber ad Rhombum zu antworten / ist zu wissen/und
zu behalten / daß alle Künste zu Erhaltung der Ehre/
und nicht zu Fliehung der Schande intensivè ergriffen
werden. Hierinnen bin ich mit Scoto einig/u. halte es de
formalitate directivæ qualitatis, gäntzlich mit ihm und
seiner subtilen Schul. Damit ich aber den Leser nicht zu
tieff in die Schrift führe/sondern ihm diesen Satz klär-
lich unter Augen stelle/so merke er mich in passu concer-
nente einfältig also: Wann ich nach Rom reise/reise
ich nicht dahin/ Weissenfelß zu verlassen / sondern
Rom zu sehen / dieses ist meine intention, und nicht
das vorige/obwohlen eines aus dem andern/virtute
concomitantiæ folgen muß / und das erste durch das
andere nicht kan unterlassen werden. So siehts
aus.

Positò verò, gesetzt / ich lasse dem Herrn Rectori seine Meynung zu / so philosophire mir derselbe / warum
er studirt habe? Warum er sein Participium in dus,

da,

da, dum, auswendig gelernt? Warum er perorirt?
Warum er auf Schulen disputirt habe? Was er nun
antworten wird/ das antworte ich ihm hinwieder/und
wie er mir die Brat-Wurst brät/ so will ich sie ihm
vorsetzen. Diese Art zu disputiren/ heißen die Böh-
mischen Studenten Puffski.

Wir wollen aber hier etwas näher an den Philoso-
phischen Lauff-Graben hinan rücken. Ich formire
dieses Dilemma: Wer aus Furcht des Bettelgehens
die Music lernt/ der thut entweder was böses/ oder er
thut was guts. Thut er was böses/ so folget per virtutem inhæsivæ consequentiæ, Das Bettelgehen sey
gut. Das Bettelgehen aber ist nicht gut/ wie kan
nun der Musicus culpirt werden/ er thue was böses/
wann er fliehet/ was nicht gut ist? Ist aber die Flucht
des Bettelgehens nicht böß/ sondern gut/ wie thut
dann derjenige nicht gut/ der das Böse flieht? Thut
nun der Musicus hierinnen nichts böses/ sondern was
gutes/ was braucht es dann einer so stachlichten Formul, derer sich alle diejenige unterwerffen müssen/ die
etwas gelernt haben? Ich sehe nicht/wie sich der Herr
Rector hierinnen entschuldigen kan/ es sey dann/ daß
er allen Schulen einen Lappen über die Augen hängen
will/wie die Färber ihren Roll-Pferden.

Mein! was hilfft meinen hochgeehrten Herrn eine solche Redens-Formul, metu mendicitatis? Warum braucht derselbe so viel artificia Oratoria wider arme Bettel-Leute? Was haben die armen Musici dem
Herren zuwider gethan/ daß er sie unter die Compa-
gnia S. Lazari stellen will? GOtt lasse weder ihn noch
seine liebe Kinder in ein solches Elend gerathen/daß sie

ihr

ihr Bißlein Brodt vor der Thür ihres Nächsten suchen müssen / wie in vergangenen Zeiten aus GOtt allein vorbehaltenem Gericht / mancher vertriebener
Schulmann und Exulant aus Ungarn thun müssen/
deren ich / ohne eitlen Ruhm zu melden/ etliche in meinem Hauß zu Halle / Christschuldig mit Speiß und
Herberge versehen / idque ob præceptum Domini mei
JESU Christi. Christen/ und noch dazu studirte Christen / welche so herrlichen Schulen / als hellglänzende
Lichter vorgesetzet seyn / sollen warhafftig von einer so
vielen hundert tausend / und zum theil auch heilig ge-
priesenen Leuten / hochgerühmten Kunst und dero Zu-
gethanen / etwas glimpflicher reden. Ingedenck des
Sprichworts der Jesuiter / daß / wer da redet/was er
will / muß hernach hören / was er nicht will. Hoc cer-
tissimè verum est!

Denen Poëten ist bekandt / wer Owenus gewesen.
Derselbe spielet nach seiner Gewohnheit in denen Pa-
ronomasien überaus herrlich. Er machte einsmahls
aus einem Mendico einen Medicum. Herr Rector
Vockerod wendet die Deichsel um / und macht aus
dem Medico einen Mendicum. Dann weil er sein
Programma, unter dem Titul der Medicin, anfängt/
gedünckt ihm nicht übel gethan zu seyn / wann er aus
Musicis Mendicos mache/ weil ja alle beyde mit M.
anfangen und mit S. ausgehen. So seynd auch beyde Nahmen dreysylbig / und weil sich der Musicus fein
lustig / der Mendicus aber gar traurig und langsam
scandirt / meynet er / wer zuvor tapffer fiedelte / müste
hernach an einer Krücken/statt des Fiedelbogens / fein
hübsch sachte / (wie die Bauren in Thurm hinein krie-
chen/

chen/) vor denen Thüren bettel gehen. Die Becken-
Knechte / Weber-Knappen und andere Handwercks-
Pursch heissens fechten / und stößt zuweilen einer dem
andern seine filtzerne Klinge / das ist / den Hut / derge-
stalten in die Augen / daß sie erblinden möchten. Mich
anbelangend / wäre durch nichts bewogen worden / ihme diese Zeilen entgegen zu setzen / wann er sich dieser
Formul enthalten hätte / aus welcher ich apertissimè
gesehen / was seine gantze Ratio intentionis gewesen.
Seufftzte demnach von Hertzen / und betrübte mich in
meiner Seelen/ daß die Schulen allgemach anfangen
wollen / ihre untergebene Jugend solche Abwege zu
leiten / und sie von dem Pfad der freyen Künste/gleich
als wären sie keine gütige Gabe GOttes / hinweg zu
führen: O tempora! O mores!
Ob ich nun wohl ein mehrers zu melden / ja einen
grossen Homerum davon zu schreiben hätte / so will ich
es doch bey diesem bewenden lassen. Niemand wird
mich eines unbilligen Unterfangens beschuldigen/weil
ich die Ehre meiner Professions-Verwandten zu ret-
ten/und öffentlich/ohne Verhelung meines Nahmens
zu demonstriren suche/in was vor terminis die Schau-
Spiele / Täntze und die Music gut / in welchen sie hingegen übel zu heißen. Ich weiß wol/daß ich vor all mein
Thun/u. also auch vor diese meine Schrifft antworten
muß/und hüte mich mein Lebenlang/ keine Sache aus
privat affecten/noch viel weniger ex præconceptis opi-
nionibus, zu unterfangen. Aber dem Hertzens-Kün-
diger ists bekandt / aus was vor Ursachen ich dazu getrieben worden. Indeme leider! der Neid gegen die
Edle Kunst so hoch anwächset/daß man ihre auffschwel-
lende

ſende Uſer/ kaum mehr ohne Erſtaunung ſehen und hö=
ren kan. Es verachte die Muſic, wer da will/die Straf=
ſe wird endlich nicht ausbleiben/ und iſt allgemach
ſchon an dem/daß man in zehen Provintzen kaum fünff
Virtuoſos antrifft. Ja/ es wird die Evangeliſche Kir=
che endlich daran ſo arm werden/daß/wann man nicht
Römiſche Subjecta herzu ziehet/man nicht wiſſen wird/
unde panem in deſerto? Ich befehle alles GOtt dem
Allmächtigen/laſſe mich durch dergleichen Schrifften/
ja/ wann ſie auch von Ariaga geſchrieben wären/ nicht
allein nicht abtreiben/ ſondern bin bereit/ in und durch
ſolche zu GOttes Ehre/ wann es erfodert würde/auch
mein Blut zu vergieſſen/ und zu thun/ was noch nie ein
Muſicus gethan hat: Cantabo Domino in vita mea,
pſallam Deo meo, quàm diu fuero. Wer hier nicht
mit mir will ſingen/ der mag dorten heulen!

Weilen aber aller guten Dinge drey ſeynd/ſo will zu
denen zwey vorigen/ noch einen Puncten an marchiren
laſſen / damit ich alſo mit all meiner Armatur zugleich
anrücke/ und ſage/ wer dem Trojaniſchen Pferd die
Huff-Eiſen aufgeſchlagen habe. Dann ob ich wohl
Willens war/ generoſô contemptu vorbey zu gehen/
und Salva Gvardi zu hälten/ſo beweget mich doch noch
ein und andere Zeilen des Programmatis zu einem an=
dern. Es läſt ſichs der Herr Rector nicht allein nicht
genug ſeyn/ das obige zu ſagen/ſondern ſetzet kurtz zu=
vor alſo: Quem non pigeat, qui veræ & ſolidæ magna=
tum gloriæ favet, ſummum principem - - - - - - iis ſtudiis
ætatem traducere & deformare majeſtatem, ad quæ
nec honeſtior qvisqvam ex privatis hominibus animum
applicare ſolet? Zu teutſch: Wem ſoll die Lauß nicht

C   über

über die Leber lauffen / und wem möcht es unter den
Hoff-Leuten nicht verdrüssen / wann ein grosser Herr
seine Lebens-Zeit mit solchen Künsten besudelt und
zubringt / zu welchen sich kaum ein ehrlicher privat
Mensch neigen kan. Da habt ihrs / ihr Musici, seht
was Herr Vockerod vor güldene Ketten und Gna-
den-Pfennige austheilen kan / begehre ja bey Leibe keiner Audienz bey ihm.

Er bleibt auch nicht bey dieser Formul allein / sondern
heist es bald darunten / incredibilem turpitudinem, eine unglaubliche Abscheulichkeit. Nun / so abscheulich ihme das Studium musicum vorkömmt / so abscheulich schreibet er in diesen Zeilen / so gar / daß ich mich
überaus verwundere / wo er dazumahl / als er dieses
geschrieben / seine pensieri müsse gehabt haben.

Ich will aber / Weitläufftigkeit zu vermeiden / seine
Meynung in einen Syllogismum ziehen / und hernach
in forma darauf antworten:

Zu was sich kaum ein ehrliches Gemüte neigt / das
ist abscheulich; Zu dem Studio Musices neigt sich
kaum ein ehrliches Gemüth / ergo ist das Studium Musices abscheulich.

Weiter: Was die Majestät eines grossen Herren deformirt / das soll er meiden; das Studium musicum deformirt die Majestät eines grossen Herrn / ergo soll er das Studium Musicum meiden. Probetur
minor utriusque. Ich wende das Argument um / wie
der Schneider zu Schürffling seine Hosen / und schlüsse è diametro also:

Zu was sich alle ehrliche Gemüther neigen / das ist

vortrefflich: Zu der Music neigen sich alle ehrliche Gemüther/ergo ist sie vortrefflich.

Secundo: Was die Majestät eines grossen Herren extollirt/ das soll er ambiren. Die Music und das Studium musicum thut solches/ ergo:

Wessen man keine Ursach geben kan/ daß es an grossen Herrn zu verachten sey/dasselbe verachtet man ohne Grund. Die Music zu verachten/ kan man an grossen Herren keine Ursach geben/ ergo verachtet man sie ohne Grund.

Einem grossen Herrn ists entweder gut eine Kunst aus dem fundament verstehen/ oder es ist ihm nicht gut. Ists ihm nicht gut/ so ist ihm das Gute nicht gut/ ists ihm aber gut/ wie ists ihm dann schlimm?

Noch eine kräfftigere Pille. Was die ietzt regierende Majestät des höchsten Haupts der Christenheit nicht beschändet/ das beschändet keinen Fürsten des Reichs. Die Music beschändet die ietzt regierende Majestät des höchsten Haupts der Christenheit nicht/ ergo conclude.

Der Herr Rector Vockerod sey so gütig/ und antworte mir auf dieses letztere Argument formaliter. Gestehet ers/so leidet sein Programma Schiffbruch (wie dan in terminis musicis betrachtet/ wahrhafftig kein fundament darinnen ist.) Läugnet ers/ so wollen wir ein anders tribunal suchen/ vor welchem ihm der major consati maximo soll probirt werden.

Und warum heißt er es ignobilem victoriam, wann ein Fürst in einem Instrument die virtuosos überwindet? Entweder die Künste seyn edel oder unedel/ seyn sie unedel/ so heißt man den Herrn Vockerod mit Un-

C 2   war-

warheit/ Wohl-Edel/ seyn sie aber edel/ wie sie dann
seyn/ woher kömmt dann ignobilitas in nobilitate?
Ist die Sonne auch finster? Ist der Tag Nacht? Ist
ja/nein? Groß Nein? Und der Hund eine Leber-
Wurst? Reim dich/ oder ich fresse dich/ oder ich reise
nach Hamburg hinunter.

Damit ich ihm aber auch eine Nuß aufzubeißen ge-
be/ so schlüsse also: Wessen sich alle von Adel schä-
men/ das ist garstig; in der Schul zu informiren/schä-
men sich alle von Adel/ ergò ists garstig. Was garstig ist/ soll man abschaffen/ informiren ist garstig/ ergò flick mir die Hosen. Was er antworten wird/ ist
auch meine Ausflucht. Und also muß man den Goliath mit seinem eigenen Schwerdt den Scheddel ab-
hacken.

Dieses sey also vor dieses mahl genug! Hat der
Herr Rector Lust sich zu moviren/ so findet er offenes
Feld durch die Schreib-Fuchtel zu kämpffen. Er
wird vor einen guten Philosophum gelobt/ und ist mir
allezeit lieber/ mit einem Fechter/ der die Francana
versteht/ als mit einem/ der die Second über dem lincken Ohr stossen will/ zu fechten. Je subtiler er mir
opponiren wird/ ie lieber will ich sein geehrtes Blat
aufnehmen/ und solidè darauf antworten. Wir wol-
len/ so es ihm beliebt/ nach der besten Schul-Manier/
in forma & materia bleiben/ und will ihm unterweilen
mit einem kurtzweiligen Schnitzer darein zu werffen/
keine Gräntzen gesetzt haben. Und damit ich mich
gegen denselben recht expectorire/ so habe unter der
Sonnen keine grössere Freude/ Lust/ Liebe noch Er-
götzlichkeit zu geniessen/ als mit probaten Philosophis
um-

umzugehen/ und mich von ihnen unterrichten zu laſſen.
Die converſation der Idioten / welche gleichwohl dabey eingebildet und hoffärtig ſeynd / iſt mir in fundo zu
wieder / abſonderlich fliehe ich dieſe / die immer Latei-
niſch reden wollen / und an ſtatt proteſtiren / procedi-
ren ſagen.   Und welche ſonſt nichts / als von neuen
Zeitungen zu diſcurriren wiſſen.   Solche Phantaſte-
reyen trete ich mit Füſſen / ſicuti faſtum Platonis, und
finde dadurch Urſach mich von denen irrdiſchen Thorheiten zu GOtt dem Allmächtigen zu wenden.

Mein guthertziger Rath aber wäre es / er acquie-
ſcirte bey ſeinen ſonſt nöthigen laboribus, dann mein
hochgeehrter Herr Rector wahrhafftig leer Stroh
dreſchen / und ſich ſchwerlich aus meinem Netz aus-
wickeln wird / welches ich nicht aufgeſtellt ihn zu fan-
gen / ſondern zu lehren / daß derſelbe eine ſo groſſe
Kunſt groſſen Herren nimmermehr diſſuadiren ſoll/
durch welche ſich ietziger Zeit das höchſte Haupt der
Chriſtenheit / unſer aller Glorwürdigſter Römiſcher
Käyſer / LEOPOLDUS &c. &c. &c. aller Welt / abſonderlich aber denen Muſicis theoreticis, auf das al-
lerherrlichſte verwunderlich macht.

Beliebte aber demſelben ſich mit mir zu katzbalgen/
bitte ſolches in Teutſcher Sprache zu thun / dann ob
ich ſchon die Lateiniſche unbeſchreiblicher weiſe æſti-
mire und liebe / ſo iſt es doch nicht um uns beyde / ſondern um etliche andere zu thun / denen eine Teutſche
Brat-Wurſt lieber / als ein Lateiniſches Epitaphium
iſt.   Ich will auch zum freundlichen Abſchied nochmahls erinnert haben / daß man alle verderbliche affecten meide/ die Sache im Grund angreiffe/ formâ ſyl-

C 3   logi-

logisticâ streite/ und wie in diesem Raum geschehen/
ohne iemandes lästerlicher Verkleinerung oder Be-
schimpffung/ zu Felde ziehe. Vitâ verstunda est, Mu-
sa jocosa mihi. Andere Phantasten meynen/ aller
Schertz sey Thorheit. Dahero wollen sie nicht gern/
daß man ihnen gleich sey/ die doch in ihren ernstlichen
Handlungen/ in der Wahrheit/ thumme Kerle seyn
und bleiben/ über welche man öffters heimlich von
Hertzen seufftzen muß.

Ich habe mich offtermahls verwundert/ wann sich
mancher Respondens wegen eines scharffen Opponen-
tens auf das Catheder zu steigen/ dergestalt gefürchtet/
daß ihm der Aufschlag an dem Cardiß-Mantel zit-
tert/ wie der Tremulant auf der grossen Orgel. O du
Stock-Fisch/ gedachte ich/ hättestu einen geringen
Streit/ so trügestu deinen Crantz mit desto weniger
Ehren. Mein hochgeehrter Herr soll viel gutes von
meiner Feder erfahren/ gestaltsam mit demselben (en
dextra, fidesque) also handeln werde/ daß mich niemand auf der Börse zu Leipzig vor panquerott ausruf-
fen wird.

Letzlich wende meinen Musqueton oder Carbiner
auf euch/ ihr drey Oratores Scholastici, die ihr nach
Inhalt des Programmatis, selectioris clasfis, selecti
discipuli seyd. Weil ich mich aber schon ziemlich
verschossen/ auch nicht viel Zündtraut mehr in meinem
Pantalier übrig habe/ werde gegen euch ein kurtzes
Puff Puff machen. Ich finde keine Ursach/ eures
Herren Rectoris euch gegebenes Lob in einigen Zweif-
fel zu ziehen/ sondern wünsche euch von Hertzen kräfftiges Wachsthum eurer Studien/ damit ihr solche heut/

oder

ober morgen / entweder in eurem Vaterland / aut aliâ
Reipublicæ parte, der Kirche Christi zum besten anwenden müget. Der von der Music peroriret / dem
wird es vielleicht mehr von der Feder / als aus dem
Hertzen geflossen seyn. Es waren ewer Drey / und
im Fall ihr keine Lust zu dieser Kunst tragt (dann die
sonst freygebige Natur ist in Ertheilung dieser himml-
schen Gabe sehr geitzig) so wünsche / daß ieder unter
euch zu einer aus denen drey Haupt-Facultäten schrei-
ten / und darinnen Doctor werden müge. Zuvor
aber / will ich euch pro colophone (hätte bald calvoni
geschrieben) womit man die Fiedelbügen schmiert)
nochmahls freundlich erinnert und in memoriam re-
vocirt haben (heute red ich recht nach der Schul-Ma-
nier) was ich und ihr von der Music, Tantzen und
Schau-Spielen / billig halten müssen / wann wir un-
sern Verstand bey gutem credit erhalten wollen.
Nehmlich / ich habe distinguirt, inter tunc & nunc.
Inter scenas Ethnicorum, & inter scenas Christiano-
rum. Inter saltationem Tyrannnorum, & inter cho-
reas præsentium annorúm. Teutsch: Die Christen
haben Schau-Spiel / die Heyden hatten Sau-Spiel.
Die Heyden agirten nackicht / ach leider! Die Christen aber tragen Kleider. (Trotz sey dem gebotben /
der da spricht / ich könne nicht reimen.) Dort wurden
die Laster præsentirt / sie nachzuthun / hier / selbige zu
fliehen. Expressam sæpè imaginem nostram in alie-
nis personis videmus. Wir schämen uns / wann wir
in andern Personen unsere eigene Laster erblicken / und
freyen uns hingegen / wann wir in andern unsere Tugenden erkennen.

E 4   Es

Es heiſſet einer unter euch mit ſeinem Nahmen Brodkorbius. Deßwegen hat vielleicht der Herr Rector uns Muſicis den Brod-Korb höher hängen und Bettel-Leute heißen wollen. Gehen doch ietziger Zeit alle Teutſch-Lateiniſirte Wort auf ein ERUS, IRUS, IUS, und INUS aus / ut ASINUS. Sed hæc obiter.

Ihr habt vernommen / daß man das Verboth der Muſic weder aus Göttlichen noch profan-Schrifften deduciren könne. Ihr wiſſet daß das Drechſeln ein Handwerck ſey. Nun hab ich mein Lebtag nie geleſen / daß man das Drechſeln der groſſen Herren getadelt habe / aber die Muſic hat Haar laſſen müſſen. Handwerck hat man gut geheiſſen / aber die Künſte verbothen. Drechſeln hat gelten müſſen / aber denen Noten hat man Häckeli / Mauß-Fall / Spaniſche Nadel / ſchöne Zahnſtock aufgebürdet / damit haben ſie marchiren ſollen. Derowegen ermahne ich euch / als ein ehedeſſen geweſener Alumnus der Poëtzen-Schul zu Regenſpurg / ihr lieben drey Alumni, wollet euch die Muſic heut oder morgen beſſer laſſen recommendirt ſeyn. Wollet ihr ſie aber nicht loben / ſo verunehret ſie auch nicht. Et ut totum negotium in pauca conferam, will ich euch lehren / daß die Muſic in ihrer glorie ohnedem ſo hoch geſtiegen / daß ihr durch keines Menſchen Lob etwas zuwachſen / noch durch dero Verunehrung etwas abgenommen werden kan. Schreibe alſo dieſes nicht der Muſic, ſondern euch zum beſten / damit ihr das Pferd nicht am unrechten Orth aufzäumet / und mit dem lincken Fuß auf der rechten Seiten den Caball beſteiget. Ich habe euch ferner gewieſen / daß die Actores ſcenici in Anruffung der

Göt-

Güter / extra statum Confessionis, und also ausser aller Verdammniß seyn. Aliud est mentiri, aliud mendacium dicere. Ein anders ist lügen / ein anders die Lüge erzehlen. Ein anders hauen / ein anders stechen / ein anders schröpffen / ein anders barbiren. Die Heyden seyn zu solchen superstitiosen Anruffungen Authores, die Christen nur Relatores, sie stellen nur vor / was die Heyden vor Esels-Köpffe gewesen. Jene thaten es verè, diese sactè. Jene mit Thränen / wir mit Lachen. Dorten vergosse man Menschen-Blut / hier füllet man gefärbtes Wasser in Rinder-Därmer / die solte man denen Kaldaunen-Schluckern zu fressen geben / die totâ die auf die Theatra und Music schmählen / und zwar sine respectu accidentium. Ich habe euch ferner gezeiget / quod à particulari ad universale non valeat consequentia. Auch habt ihr gehört / daß die Music keine Ursach der Tyranney sey. Aber wohl das contrarium, daß solche die Tyrannischen Gemüther besänfftigen könne. Das Exempel habt ihr am König Saul gesehen. Ihr seyd auch von mir verständiget worden / was vor ein grosses absurdum es sey / denen Fürsten das Drechseln zu vergönnen / und die Music verbiethen wollen. Inter usum & abusum ist genug distinguirt worden. Und letzlich sage ich euch / daß mir nichts wunderlichers auf der gantzen Welt vorkömmt / als wann Grammatici grossen Herren einen Methodum vivendi vorzuschreiben sich höchst-præjudicirlich unterstehen.

Besser wäre es / sie blieben bey dem verbo, Sum, und liessen grossen Herren das Clavichordium. Rathsamer wäre es / sie blieben bey dem Accusativo in as,

E 5   und

und liessen andere bey dem Baß. Thunlicher wäre es,
sie blieben bey dem Relativo qui, quæ, quod, und liessen andern den Fagott. Füglicher blieben sie bey dem
Argument, und fragten nichts nach dem Concent.
Tauglicher wäre es / sie blieben bey der Scholasticus
grex, und liessen gehn den Contrapunctum duplex. Es
klinget gar nicht gut / wann sie reden von Sol, Mi, Ut.
Zuläßiger wäre es / sie träncken etliche Kannen Bier,
als daß sie reden vom Clavir. Schmäckte ihnen viel
besser eine Jausen (heißt auf Oestereichisch das Ab-
bend-Brodt) als daß sie schwatzen von denen Pausen.
Wär Christlicher / sie hülffen einem Krüpel, als daß sie
plaudern vom Tripel. Ich hätte niemanden von ihnen angezogen / wann sie still schwiegen vom Fiedel-
Bogen. Wären auch keine wunderliche Geister /
wann sie zu frieden liessen den Concert-Meister. Würden auch nimmer zu schanden / wann sie nicht hänsel-
ten den Calcanten. Und blieben vorsichtig allzumal,
wann sie den Notisten nicht ansähen vor einen Cor-
poral.

Dieses wäre also mein URSUS MURMURAT.
Wird nun der Herr Rector einen Polnischen Bähr-
Führer agiren / und mich per rosimi popolski dobridak
pravada luniac in dem Lande herum führen / so will ich
ihm vor 6. Pfennige Brandtewein geben / und lustige
Capriolen machen. Indessen hänge meinen Stu-
denten-Carbiner / mit welchem biß daher Puff Puff
gemacht habe / wieder an die Wand. Ergreiffe Au-
gustinum de Civitate DEI, und schlüsse mit diesem E-
piphonemate: Daß man auf Erden allezeit heilig halten soll, womit man GOTT im Himmel loben wird.
Valete & plaudite! P. S.

P. S.

An die Herren Buchhändler.

DEmnach etliche M. SS. theils elaborirt / theils auch unter der Feder habe. Als intimire denenselben Dienst-freundlich/ daß meine Scholam Phænologicam , darinnen de fundamentis Theoreticis, wie auch von der Praxi tractirt / und alles Teutsch beschrieben wird / Item meinen Musicalischen Krieg. Teutsche Moral-Philosophie. Teutsche Epigrammata, Lateinische Meditationes de vitæ hujus Vanitatibus. Den Nasen-weisen Secretarium. Die hochgeehrte Frau Klatsch-Schwester. Den Wohl-Ehren-Vesten Bler-Fiedler. Atheniensium Morosophiam. Meines Musicalischen Discurse andern Theil. Oratoriam reformatam. Logicam Scoti acyratiori trutina examinatam , ubi in Specie de differentia materiæ & formæ, item de qualitatibus materiæ primæ gehandelt wird; Den Poetischen Klopf-Fechter und hundert andere Inventiones um ein Billiges zu verlassen / willens bin. GOTT befohlen.

Weicht

Weicht Feinde der Music, weil sie vom Him-
 mel stammet/
 Und himmlisch uns ergetzt/und an-zum-Him-
 mel flammet/
Sie ist die Siegerin/die unsrer Sorgen Leid
Stets überwinden kan mit Ihrer Süßigkeit.
Weicht Feinde der Music, die ihr Sie haßt und mei-
 det/
Und euch in Heuchelschein und falsche Farben kleidet/
 Hatt denn der grosse GOtt nicht alles ie und ie/
 So wohl selbst eingestimmt in süsse Harmonie?
Weicht Feinde der Music und fanget eure Grillen/
Der süsse Seyten-Thon kan unser Hertze stillen/
 Weil etwas Himmlisches mit solchem sich vereint/
 Wo Davids Harffe kling t/ weicht selbst der böse
 Feind.
Die edelste Music muß stets in Ruhme grünen/
Der Edle Lorber selbst muß Ihr zum Schmucke
 dienen/
 Der Lorber/den kein Blitz von Zeit und Neide rührt/
 Den auch Apollo selbst zu seiner Kröhne führt.
Und wenn der tapfre Bähr vor sie so munter streitet/
So wird Ihr hohes Lob hiedurch verewigkeitet/
 Denn man verspürt an Ihm den rechten Löwenmuth/
 Es flammet Sternen an die edle Tugend-Gluth.
Weicht Feinde der Music, wollt ihr euch nicht erfreuen
An den versüßten Thon/so hört die Esel schreyen/
 Es bleibt doch die Music, die uns Vergnügung giebt/
 GOtt/Engeln/Menschen/stets belobet und beliebt.

Dieses satzte ein Liebhaber der Music

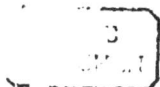

J. G. H.

J. N. J.

Der Fürsten-Schule zu Gotha
Hohe Förderer und Gönner/
allerhand Stands gelehrte Leute
werden zu
Denen öffentlichen Reden/
welche von
Falscher Artzeney un-
richtiger Gemüther
gehalten werden sollen/
Womit
Das Jährige Fest der voll-
brachten Schul-Musterung
Einige in die abgesonderte Classgehörige Schüler
CHRISTIANUS ERNESTUS KUHNHOLDUS,
Meinungensis.
JOHANNES ADOLPHUS BRODKORBIUS,
Gothanus,
GEORGIUS FRIEDERICUS De RUHLE,
Stutgardiensis.
Auf den 10. Aug. 7. Uhr Vormittage
feyren wollen/
Gehorsamlich und freundlich/ wie sichs ge-
bühret/ eingeladen
von
GOTHOFRED VOCKEROD, d. S. R.

Mit Reyherischen Schrifften.

2

N. A. Df. G. L.

JNdem ich zu denen öffentlichen Re-
dens-Uhungen / womit die jährige
Schul-Musterung und Arbeit
pfleget beschlossen zu werden / auf
einen bequemen Grundsatz bedacht
gewesen/ hab ich keine langwierige Betrachtung von nöthen gehabt; Die Käyser-Hi-
storia giebt mir eine zu solchem Feyer gar ge-
schickliche Materie an die Hand / nehmlich
die Her:schung des Käysers Kaligula/Clau-
dius und Nero. Deren Beginnen/ Thaten und Lebens-Lauff wir in absonderlichen
Lehr-Stunden / bey dieser angehenden
Sommers-Zeit/ nach erheischender Ordnung der Dinge und Folge der Geschicht aus
den besten Lateinischen Verfaßern zu erklä-
ren den Anfang gemachet haben. Es solte
wohl die Betrachtung dieser allerunartig-
sten Printzen manchen zu unserem Vorha-
ben gantz unfüglich/ und den Sitten der Ju-

gend

gend unförmlich und schädlich zu seyn scheinen.   Denn was solte doch des frechen und
grausamen Caligulæ, des ungeschickten Claudii und des schändlichen Neronis Leben und
Thaten zur Frömmigkeit und Weißheit für
einen Nutzen haben/ worauf doch alles/ was
aus den alten Schriften auf die Bahn gebracht wird/ gerichtet werden muß.   Und
wenn man der freyen Künste Lieblichkeit nur
nach ihrer Ergetzlichkeit betrachten wolte/
was für Belustigung solte man aus denen
in dieser Historie häuffig erzehlten/ und auf
das fleißigste ausgesonnenen Marter-Ar-
ten/ Räubereyen/ Mordbrennereyen/ Plün-
der-und Verjagungen schöpffen/ wordurch
die Bürger und Bundesgenossen geplaget/
die besten Leute untergedruckt / und dem
gemeinen Wesen eine beweinens-würdige
Niederlage zugezogen worden.   Wen solte
es nicht vielmehr dauren/ daß des Reichs-
Güter mit liederlichen Schau-Spielen ver-
schwendet worden? Wen solte es nicht ver-
driessen/ wo er anders grosser Potentaten
rechtschaffenen und wahren Ruhm lieb hat/
daß der größte Monarch unter den Co-
mödianten auf Saitenspielen und mit der
Stimme sich hören lasse/ daß er unter leib-
eige-

eigenen Muſicanten ſich gemein mache/daß er
unter die Harfeniſten-Zunft ſich geſelle/daß
er durch gantz Italien und Griechen-Land
Muſicaliſche Wetteſtreite anordne/in weh-
renden ſolchen Wet-Streite aus einē ſchand-
barn Eiſer erhitzet in furchtſamer Bangig-
keit einen unruhmbaren Sieg zu erlangen
bemühet ſey/endlich/daß er mit ſolchen Ubungen ſein Leben zubringe/ und die Majeſtät
beſchandflekke/ worzu ein ehrlicher Mann/
auch aus gemeinem Stande ſich nicht leicht
begiebt/ die meiſten aber mehr/ ihn ſich
des Hungers und Betlens zu erwehren/dar-
zu genöthiget werden/ als daß ſie ſich mit
Willen darzu begeben ſolten. Weil nun die
Geſchicht-Beſchreibung dieſer unartigen
Kayſer mit ſo viel greulichen und unglaub-
lich garſtigen Laſtern angefüllet/ wäre es
nicht beſſer/ daß man ſolche durch Still-
ſchweigen verdunkelte/ als vor den Tag
brächte. und in Gegenwart einer großen
Menge/ meiſtentheils junger Knaben von
neu-angehenden Rednern viel Worte davon
machen lieſſe? Daß es alſo ſey/halte ich gäntzlich dafür/wenn wir in denen Zeiten lebeten/
da die Unwiſſenheit der Laſter für eine Tugend gehalten worden. Aber/ weil auf
unſre

unsre Zeit aller Schande/Laster und Leicht-
fertigkeit reifes Wachsthum kommen/ und
so gar die Wissenschaft ungebührlicher Dinge den Kindern gemein gemachet worden/
welches zu verwundern/ so muß man
mehr dahin bemühet seyn/ daß die Jugend
durch Vorstellung/ wie die Laster bestrafet/
und wie es mit solchen ruchlosen Menschen
abgelauffen/von den Bekandten Wegen der
Bößheit abgehalten und zurücke gezogen
werden/als daß man allererst vorbeigen sol-
te/ daß sie dieselben nicht lernen und suchen
möchte. Ich geschweige/ daß die Jugend
nirgends besser/ als aus diesem Theile der
Römischen Historie erfahren kan/ wasserley
Ubüngen sie erwählen und welche sie meiden solle ; angesehen/ weil die jungen Leute
aus Schwachheit ihres Alters mehr durch
Beyspiele beweget zu werden/ als die Lehr-
Sätze zu fassen pflegen/ es nicht unnützlich
seyn wird/mit fremdem Schaden zu lernen/
welches die meisten gar schwerlich/ und ofter-
mahls nicht eher/ als mit ihrem Schaden
glauben/ daß nehmlich/ wie die Jugend ge-
wöhnet und angeführet werde/ so ey auch
des Lebens Fort- und Ausgang geartet.
Dieses kan man an Caji, Claudii und Nero-

A   nis

nis Beyspielen bemercken. Nach Tranquillus (a) Zeugnüß/ hieng Cajus noch in seiner
Jugend denen Theatralischen Tantz-
und Sing-Künsten alzueifrig nach:
Wodurch Tiberius sein wildes Gemüth zu
zähmen/ sich vergeblich einbildete/ oder/ damit seine Verzärtelung einen Schein habe/
andere dessen zu bereden/ bemühet war. Als
er zur Regierung kommen/ wie eben dieser
(b) Svetonius erzählet/ war er den Wohl-
lüsten des Singens und Tantzens
dermassen ergeben/ daß er sich auch
der offentlichen Schauspiele nicht
enthielte: (c) Die Comödien-Spieler
hegte er dergestalt/ daß er Schande
davon hatte: Einen gewissen Possen-
Spieler küssete er/ und wenn dieser
tantzete /-schlug er diejenigen mit
der Hand/ welche nur ein kleines Ge-
räusche machten. Unterdessen nahm die
Ungebundenheit seines Gemüths zu/ daß er
dadurch getrieben und angereitzet/ Anfangs
mit Beyhülffe seiner ungezähmten Begier-
den/ hernach seiner Grausamkeit/ als eine
wilde

(a) in vita Calig. c, XI. (b) c, LIV. (c) c, LV.

wilde Beſtie alles in Verwirrung und Un=
ordnung zu bringen begunte/ biß er bey der
Anſtalt eines Schauſpieles / als (d) er die
Knaben/ welche auf der Schaubüh=
ne Operen zu ſpielen angeſchicket
wurden / beſahe und anfriſchete/
hinterliſtiger weiſe überfallen und ermordet
worden. Claudius (e) hat von Jugend
auf keinen geringen Fleiß auf die
freyen Künſte gewendet/ und zwar
unter Sulpicio und Athenodoro. Was für
Schlags aber dieſe Lehrmeiſter geweſen/
deutet ſein Vetter Auguſtus (ſeiner Mütter=
lichen Großmutter Bruder/ ſein Groß=
Oheim)an/da er an Liviam(f) ſchreibet; Der
arme Menſch iſt wohl unglücklich/daß er die=
ſen gelehrten Leuten gar zu ſehr nachhänget.
Er ſelber hat in einer Schriſt geklaget/ daß
mit Fleiß ein ungeſchlachteter Menſch/ wel=
cher vor dieſen ein Viehtreiber geweſen/über
ihn geſetzet worden/ welcher ihn üm die ge=
ringſte Urſache auf das ſtrengſte hätte ſtra=
fen müſſen. Dieſe Schulfüchſe nehmlich/ in
dem ſie dem Jünglinge die Tumheit zu ver=
treiben/und ihn mit Griechiſchen Künſten an=

D 2 zufül=

zufüllen / bemühet seyn / vertilgen vollends
den Rest der guten Neigung / seine Gemüths-
Artligkeit / welche Augustus bey ihm zu spüh-
ren / schreibet / u. bringen ihn zu einem Wahn-
witze. Als er nun bey solcher Anführung in
seinen Tohrheiten verdorben / und öffentlich
viel Prahlens von sich machte / ist er nicht
nur ie länger ie mehr in Verachtung kom-
men / sondern auch zu allen Verrichtungen
ungeschickt worden / daß er gezwungen worden / das durch wunderliches Geschicke auf
ihn gekommene Regiment dem Belieben der
Weiber und Freygegebenen zu überlaßen:
Durch dero Meuchel-Tücke er endlich zu
Boden geleget und entleibet worden. Agrip-
pina hat / des Claudii ihres Vetters (patrui,
ihres Vaters Bruders / welcher in dem Lateinischen avunculus ihrer Mutter Bruder
genennet wird) und hernachmahls ihres
Blutschändenden Ehemanns / Thorheiten
verfluchende / ihren Sohn Neronem von der
Philosophie abgehalten / vorgebende / sie wäre einem künstigen Regenten schädlich / und
hat ihm einen Tantz-Meister und einen Bar-
bier zu Lehr-Meistern verordnet. Uf diese Weise hät Nero, wie von ihm (g) Tacitus
redet /

(g) Ann. l. XIII. c. III.

redet / bald in seiner Kindheit sein
lebhaftes Gemüth auf andere Sachen gewendet / als / Schnitzen und
Mahlen / Singen oder Pferde berei-
ten. Als er / wie (h) Tranquillus bezeu-
get / noch in seiner zahrten und noch
nicht zurückgelegten Kindheit / hat
er auf öffentlichen Spiel-Plätzen ste-
tig und wohl gespielet. Durch diese
angewöhnte liderliche Dinge ist seine Zunei-
gung dermassen verkehrt / dem Gemüthe
solch-eine unheilbare Kranckheit / den Sitten solch-eine garstige Seuche angehänget
worden / daß auch die klügesten Leute / Bur-
rhus und Seneca, welche das gemeine Wesen
und dieses Printzens Leben und Wandel auf
das fürsichtigste in acht nahmen / keine Artzeney aus dencken konten / so sie dem zunehmen-
den Verderbnüssen und dem Untergange
des gemeinen Wesens haben entgegen setzen
können. Denn es hat nach den ersten fünf
Jahren / da die Ungebundenheit Neronis
durch die Ehr-Furcht gegen seine ihm zur
Regierung zugeordnete Hofmeister noch et-

D 3   was

(h) In vita Neronis c. VII.

8

was eingehalten wurde/diesem Printzen an
keiner Schandbarkeit/ der Republic an keiner Schädlichkeit gemangelt/ daß man ihn
mit allem Rechte das allerungeheurste Un-
geheuer nennen/ und nicht weniger das jenige von ihm sagen könte/was Tiberius (i) von
Caligula, daß er zu aller Menschen
Verderb lebe/dem Römischen Vol-
cke eine Natter/ und der Welt ein
Phaëton sey). Endlich ist die Gemüths-
Hurtigkeit durch die Musical-und Theatrali-
sche Künste dermaßen ausgetilget worden/
daß er bey den aufrührischen Bürgern um
Gnade zu bitten/und aus Verzweifelung einen selbst-Mord an sich zu begehen/ kein Be-
dencken getragen. Solche Ubungen und Lebens-Art verdienet in Warheit auch ein solches Ende. Es düncket mir warlich/ daß diese Käyser des alten Poeten gar vergessen
haben: (l)

Denck/ Römscher Printz/ vor allen
Dingen/
Das Volck durch Herrschafft zu be-
zwingen.

Ja!

(i)Suet. in Vit. Calig. c. X.   (l)Virg. Æn. 6. v. 851.

9

Ja! sie haben die Zeiten gantz und gar aus
der acht gelassen / von welchen Nepos (m) sa-
get: Wir wissen / daß bey uns die
Music einem Fürsten nicht wohl ge-
sprochen / das Tantzen auch für la-
sterhaft gehalten werde ; und sind dem
Themistocle nicht nachgefolget / welcher denen jenigen / die ihm die Unkunde der an-
muthigen und zur Belustigung dienenden
Künste vorgeworffen / geantwortet : (n)
Daß er zwar auf der Laute und
Harfe nicht schlagen könne / er verstehe aber / wie er eine kleine und un-
berühmte Stadt groß und berühmt
machen solle. Man hält zwar insge-
mein dafür / daß man den Fürsten insonderheit in ihrer Jugend solche Possen zur Er-
götzlichkeit und Erleichterung der Sorgen/
die freyen Künste zum Pracht und Ansehen
verstatten solle. Seneca hat dem Neroni
hiervon etwas nachgegeben / daß er nicht in
allen / nach seiner Redens-Art / überlegen
sey. Tiberius dem Caligula, daß er seine
Frechheit bändigen möchte. Aber (o) Ari-

D 4   sto-

·(m) In Epaminonda.   (n) Plut. in Vita ejus c. II.
(o) ad Nicom. l. X. c. VI.

ſtoteles, da er von Kurtzweil und Zeit-
vertreib redet / nachdem er geſaget / daß
die jenige / welche auf dem Herr-
ſchaffts-Throne ſitzen/ ſich auf ſolche
Sachen legen / thut die Urſache hinzu/
und zeiget die jenigen an/ welche dergleichen
Poſſereyen nachhängen : weil (a) dieſe/
indem ſie der wahren und recht-
ſchaffenen Luſt nicht genießen können / ſich zu den fleiſchlichen Wollü-
ſten begeben. Und viel beſſer hat The-
miſtocles ſich mit ſolchen Ergötzlichkeiten und
Faulentzereyen nicht erluſtiret/ noch in Nach-
läßigkeit gelebet / ſondern allezeit mit Sorg-
falt in Mühſamkeit einige nachdenckliche
Dinge erſonnen. In Warheit der Ausgang hat es gelehret / daß die vom Tiberio
und Seneca verſtattete Werckzeuge der Wol-
lüſte / den unrichtigen Gemüthern zu keiner
Artzeney gedienet/ ſondern Elend und Un-
tergang verurſachet haben. Von den freyen
Künſten hat man weniger Gefahr/ auch für
die Printzen nach ihrer Lebens-Arth keine
Unanſtändigkeit zu befürchten/ und gleichwohl

wol ſind ſie nicht allein dem Claudio ſchädlich
geweſen / indem er nicht / nach des Agricolä
Exempel (p) ſein von Begierde der Wiſ
ſenſchafft erhitztes Gemüthe gezäh-
met / noch / welches das ſchweriſte
iſt / durch die Weißheit ſich gemäßiget;
ſondern daß ſie auch gar dem Hadriano eine
Urſache zu Narrenpoſſen / Juliano dem Griechiſchen Schulfuchſe / wie er vom Marcellino
genennet wird / zur Gottloßheit / und Mi-
chaeli / des Duca Sohne / Käyſer zu Con-
ſtantinopel / zur Faulheit geweſen. Hier-
aus kan man ermeſſen / wie nützlich es der
ſtudirenden Jugend ſey / auch der unartigen
Menſchen ihr Vornehmen etwas genau betrachten / und aus den alten Exempeln lernen / daß eines ieden ſeine Lebens-Art die
Sitten / und die Sitten das Glücke zu wege bringen. Nachdem wir nun in vorigen
Jahre des Käyſers Auguſti Frömmigkeit
und Gottesfürcht in dreyen Reden auszu-
führen / angeordnet / und der andern Käyſer / deren Geſchichte von den Römiſchen
Verfaſſern uns hinterlaſſen / Thaten und

D 5 Le-

(p) Tacitus in vita ejus c. IV.   (q) Lipſ. Pol. L. I,
c. X.

Leben durch Göttlichen Beystand / zu dem
Ende zu betrachten vor uns genommen / damit unsere Schüler / welche die alten Ge-
schichtschreiber zur Gelehr= und Beredsam-
keit zu lesen von nöthen haben / mit der Lateinischen Sprache erlernen mögen / was zu
Anstellung ihres Lebens von nöthen sey / so
hat man diejenige Printzen nicht vorbey gehen können / welche durch ihr schändliches
und lasterhafftes Leben verdienet / daß man
ihrer auf ewig vergesse ; Insonderheit da
wir aus ihrer Geschicht= Beschreibung das-
jenige betrachten werden / welches zur Un-
terweisung der Jugend keinen geringen Nutzen zu haben scheinet. Nehmlich / damit
wir ihre Laster erkennen / und uns dafür hü-
ten mögen / so habe ich mir vorgesetzet

Die falsche Artzeney unrichti-
ger Gemüther

Durch drey Schüler aus der abgesonderten
Classe, welche wegen ihrer feinen Gelehr-
samkeit zu preißen sind / aus Caji, Claudii,
Neronis Geschicht= Beschreibung vorzustel-
len. Sie haben zu thun vorgenommen /
was ich ihnen befohlen / und hat ein ieder nach

sei-

seinem Vermögen eine Rede zu halten sich
angeschicket,

Der Erste
Von Caligula übler Anführung/
Oder
Von der unbesonnenen Besserung seines
unrichtigen Gemüths/ so durch die Thea-
tralische Sing- und Tantz-Kunst
geschehen sollen.

Der Andre
Von Claudii Unterweisung/
Oder
Von der unmäßigen Lust zum unnützen
Studiren/ wodurch er zu allen Verrichtungen untüchtig und ungeschickt gemacht worden.

Der Letzte
Vom Nerone,
Welcher durch die unersättliche Lust zur Music und Schau-Spielen gantz verderbt
worden.

Es wird/ Hochgeehrteste Patroni und
Gönner/ ein jeder vorbringen/ was er diß-
fals

14

falt ſtudiret hat. Derowegen erſcheinet in
ſolcher Anzahl / und muntert mit eurer
Gunſt und hohen Gewogenheit auch dieſe
neue Redner auf / wie ihr vor kurtzer Zeit
andern gethan habet. Helffet unſer Schul-
Feſt zieren / und billiget das gute Vornehmen unſerer Schüler / wodurch ſie an-
gereitzet werden. GOtt dem Allerhöchſten /
unſerm Durchlauchtigſten Hertzoge / und
dem hochachtbarn Vorſtehern für die Gnade / Auffſicht und Vorſorge / welche bey itzi-
ger Schul-Beſuchung aufs neue hervorge-
leuchtet / öffentlichen Danck abzuſtatten.
Diß iſt es / was wir bitten / die wir mit Unterthänigkeit / Gehorſam und Dienſterge-
benheit es zu erkennen / gefliſſen bleiben.
D. B. Zu Gotha am 9. Aug. 1696.

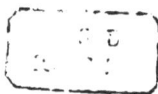

www.ingramcontent.com/pod-product-compliance
Lightning Source LLC
Chambersburg PA
CBHW022036080426
42733CB00007B/851